RIVALES DE LA COPA MUNDIAL

INGLATERRA VS. ALEMANIA

por Jules Allen

CAPSTONE PRESS
a capstone imprint

Publicado por Spark, una marca de Capstone
1710 Roe Crest Drive, North Mankato, Minnesota 56003
capstonepub.com

Los datos de catalogación de la Biblioteca del Congreso previos a la publicación se encuentran disponibles en el sitio web de la Biblioteca del Congreso.
ISBN: 9781669066446 (tapa dura)
ISBN: 9781669066439 (libro electrónico PDF)

Resumen: Las selecciones nacionales de fútbol de Inglaterra y Alemania mantienen una rivalidad desde hace décadas. ¿Qué llevó a estas selecciones a convertirse en feroces competidores? ¿Cómo contribuye la afición de ambos países a mantener esta rivalidad? El texto de fácil lectura y las fantásticas imágenes hacen de estos libros una opción obvia para los fanáticos del fútbol.

Créditos editoriales
Editora: Erika L. Shores; Diseñadora: Dina Her; Investigadoras de medios: Jo Miller y Pam Mitsakos; Especialista de producción: Tori Abraham

Créditos fotográficos
Alamy: Aflo Co. Ltd., 21, 22, Trinity Mirror / Mirrorpix, 9, Action Plus Sports Images, 27, dpa picture alliance, 29; Getty Images: Aleksandra Aleshchenko, 12, Peter Robinson - EMPICS, 17, Rolls Press/Popperfoto, 5, Staff, 7; Newscom: Juha Tamminen/AFLO, 18, Mirrorpix, 24; Shutterstock: A.RICARDO, 15, artisttop, Portada, 1, (bandera de Inglaterra), BradleyStearn, 25, Everett Collection, 10, 11, Milos Kontic, Portada (izquierda, derecha), Oleh Svetiukha, Portada (campo), T.Lesia, Portada, 1, (bandera de Alemania), tuulijumala, Portada, (luces), vectorlaboratory, Portada, 1, (balón)

Elementos de diseño: Shutterstock: huangyailah488, Ursa Major

Todos los sitios de internet que aparecen en el contenido especial estaban correctos y disponibles al momento de la impresión.

Printed and bound in the USA. PO 5626

TABLA DE CONTENIDO

Las palabras en NEGRITA están en el glosario.

VICTORIA EN LA COPA MUNDIAL

Era la final de la Copa Mundial de 1966. Las selecciones nacionales de fútbol masculino de Inglaterra y Alemania Occidental se enfrentaban en el campo.

El marcador era de 2-2. Geoff Hurst corría hacia la portería de Alemania. Hurst recibió un **pase cruzado**. Dio la vuelta y disparó.

¿SABÍAS?

En 1949, Alemania se dividió en Alemania Occidental y Alemania Oriental. Cada una tenía su propia selección nacional. Los dos países volvieron a unirse en 1990.

Geoff Hurst

Inglaterra (derecha) celebra el gol de Hurst.

Era el tiempo extra. Las aficiones gritaban. El tiro de Hurst golpeó el **travesaño** y cayó al campo. Aterrizó justo dentro de la línea de meta.

Los aficionados ingleses enloquecieron. Pero el árbitro no estaba seguro de que el balón había entrado. El **juez de línea** dijo que sí.

¿SABÍAS?

La Copa Mundial tiene lugar cada cuatro años. Centenares de millones de aficionados miran la final en la televisión.

Contaron el gol. La afición alemana no estaba de acuerdo. Hurst metió otro gol en el último minuto. Inglaterra ganó la Copa Mundial 4-2. La victoria fue el inicio de una **rivalidad** entre Inglaterra y Alemania.

¿SABÍAS?

El último gol inició una cita famosa en Inglaterra. El locutor dijo, "Hay algunas personas en el campo. Piensan que ya ha acabado. ¡Ahora sí!".

Geoff Hurst

LA RIVALIDAD DE INGLATERRA

La rencilla entre los dos países no es nueva. Inglaterra forma parte de Gran Bretaña. Gran Bretaña y Alemania se enfrentaron en dos guerras mundiales. Estas guerras ocurrieron entre 1914-18 y 1939-45. Gran Bretaña y sus **aliados** ganaron las dos veces. Pero murieron muchas personas de ambos bandos.

Londres, Inglaterra, durante la segunda guerra mundial

Avión militar alemán en 1940

El fútbol se originó en Inglaterra. Eso es algo de mucho orgullo para la afición inglesa. Les importa mucho esta rivalidad. Muchos consideran que la victoria en 1966 es el momento más importante de la historia deportiva en Inglaterra.

Algunas personas dicen que la rivalidad existe más que nada en las mentes de los aficionados ingleses. La mayoría de los aficionados alemanes consideran que Italia es su rival principal.

¿QUIÉN GANA MÁS?

Los alemanes han ganado más copas **internacionales**. Han ganado cuatro Copa Mundiales. También ganaron tres Campeonatos Europeos. Inglaterra ha ganado una copa internacional. Fue la Copa Mundial de 1966.

¿SABÍAS?

El Campeonato Europeo tiene lugar cada cuatro años. También se le llama la Eurocopa, o simplemente la Euro.

Alemania celebra su victoria en la Copa Mundial de 2014.

Inglaterra y Alemania Occidental volvieron a encontrarse en la Copa Mundial de 1970. Se enfrentaron en los cuartos de final. De nuevo, Hurst metió un gol en el tiempo extra. Esta vez no lo contaron. Luego, Alemania Occidental metió un gol. Ganaron el partido 3-2.

Desde entonces, Alemania ha ganado muchos partidos de la Copa Mundial. Inglaterra ha tenido dificultades.

Franz Beckenbauer (izquierda) de Alemania Occidental y Alan Mullery (derecha) de Inglaterra, en 1970

Paul Parker de Inglaterra se enfrenta a Olaf Thon (derecha) de Alemania Occidental, en 1990

Inglaterra y Alemania Occidental se enfrentaron en las semifinales de la Copa Mundial en 1990. Inglaterra no había llegado a esas alturas del torneo desde 1966. Alemania Occidental metió un gol en el minuto 59.

Inglaterra empató en el minuto 80. Ninguno de los dos marcó en el tiempo extra. Alemania Occidental ganó 4-3 en los **penales**. Luego, venció a Argentina. De nuevo, la Copa Mundial pertenecía a Alemania.

Los aficionados ingleses estaban molestos. Para muchos, la derrota fortaleció aún más la rivalidad.

¿SABÍAS?

Las cuatro victorias de Alemania en la Copa Mundial fueron en 1954, 1974, 1990 y 2014.

Peter Shilton, el portero de Inglaterra, en 1990

Kalvin Phillips de Inglaterra (de blanco) y Lorenzo Insigne de Italia (de azul) durante la Eurocopa de 2020.

Estas selecciones a menudo se enfrentan en el Campeonato Europeo. Alemania ha ganado tres Eurocopas.

Inglaterra llegó a la final una vez. Fue en 2021. Perdieron contra Italia.

¿SABÍAS?

La Eurocopa tiene lugar dos años después de la Copa Mundial. Participan veinticuatro equipos.

ESTRELLAS RIVALES

Geoff Hurst era el **delantero** estrella de Inglaterra. Es uno de sus jugadores más populares de la historia.

Hurst no era estrella antes de la Copa Mundial de 1966. Solo entró al juego porque otro jugador se había lesionado.

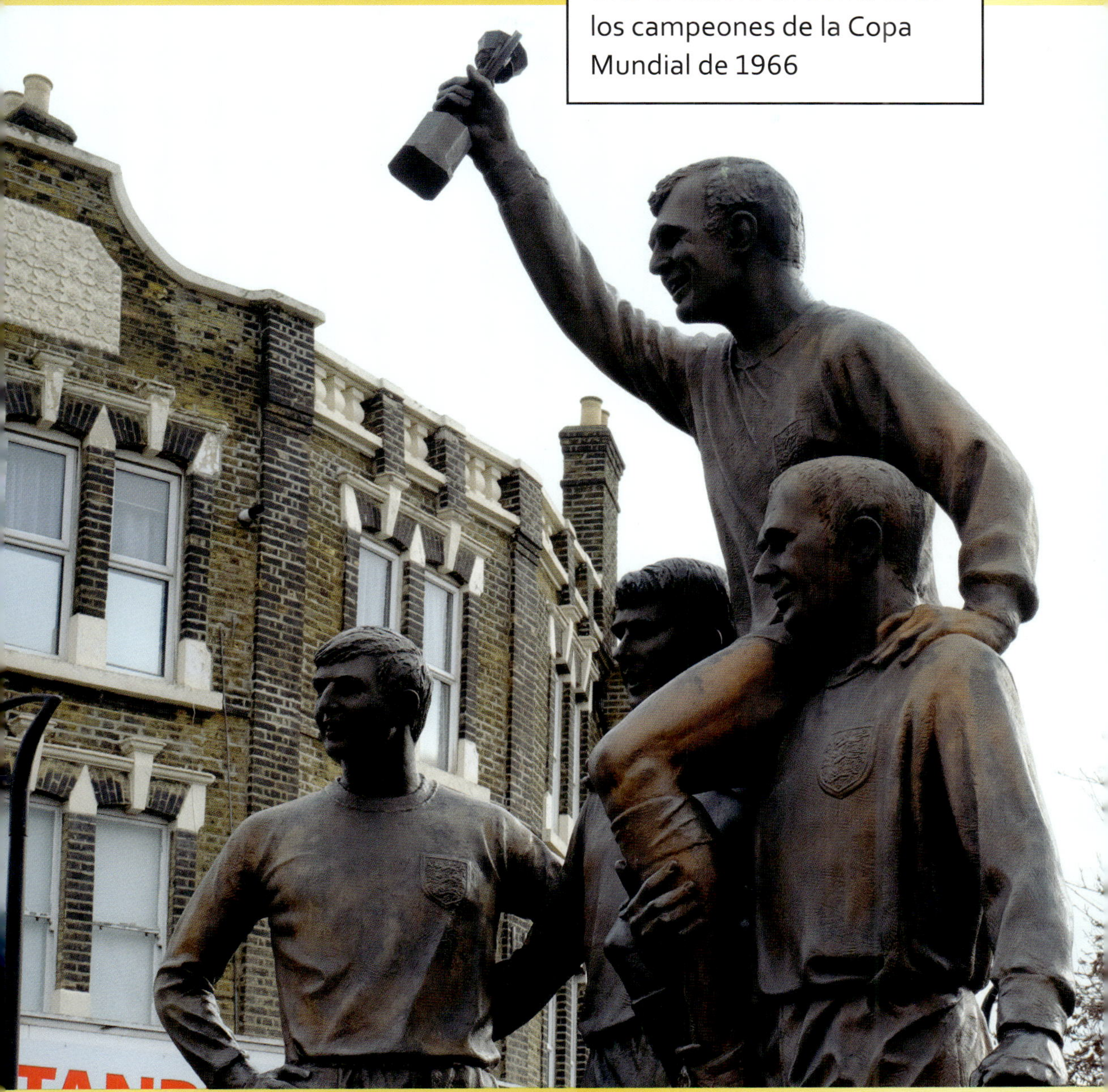

Una escultura en Londres de los campeones de la Copa Mundial de 1966

Franz Beckenbauer fue jugador y técnico para Alemania Occidental. Jugó en el equipo que perdió la final en 1966.

Beckenbauer ayudó a Alemania a ganar la revancha contra Inglaterra. Fue en la Copa Mundial de 1970. Alemania Occidental venció a Inglaterra en los cuartos de final. Beckenbauer metió un gol.

Franz Beckenbauer

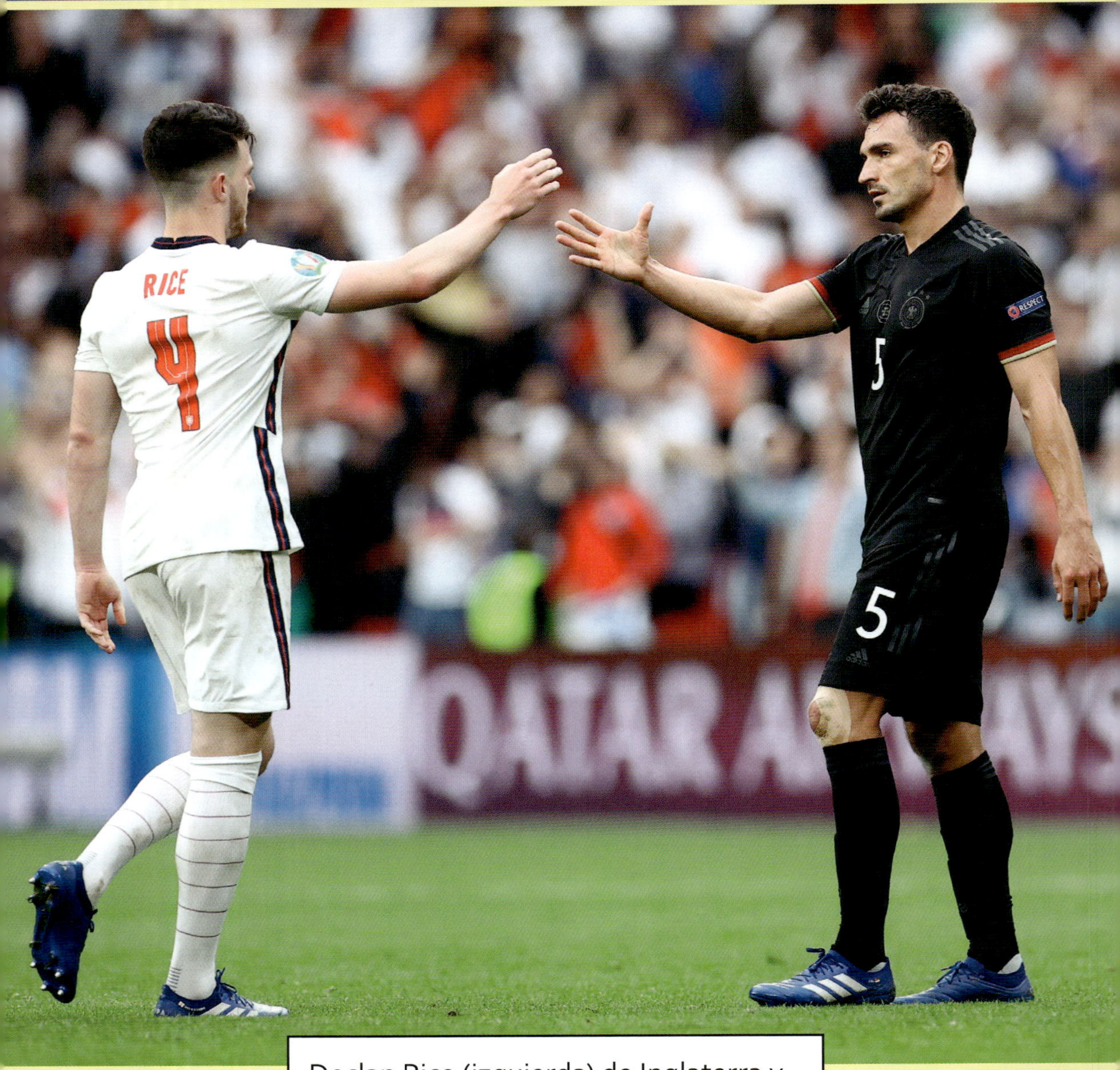

Declan Rice (izquierda) de Inglaterra y Mats Hummels (derecha) de Alemania

En 2021, Inglaterra venció a Alemania en la Eurocopa. La derrota eliminó a Alemania del torneo.

Alemania sigue reinando sobre Inglaterra. Pero la victoria les dio esperanza a los aficionados ingleses. Las aficiones de los dos equipos ansían partidos emocionantes en el futuro.

GLOSARIO

aliados—países que trabajan juntos hacia un propósito, a menudo en el contexto de guerra

delantero—un jugador que se dedica sobre todo a atacar y meter goles

internacional—que incluye más de un país

juez de línea—un árbitro que observa para determinar si el balón sale del campo

pase cruzado—un pase desde los lados que puede resultar en un tiro a la portería

penales—cuando dos equipos se turnan tirando desde la línea de penalti; cada equipo tiene cinco tiros

rivalidad—un sentimiento de competencia feroz entre dos grupos durante un periodo largo de tiempo

travesaño—la larga barra de metal que une los dos postes que sostienen la red del arco

LEE MÁS

Hellebuyck, Adam, and Laura Deimel. *FIFA World Cup.* Ann Arbor, MI: Cherry Lake Publishing, 2020.

Jökulsson, Illugi. *Stars of World Soccer.* New York: Abbeville Press Publishers, 2020.

Luke, Andrew. *Top Teams.* Philadelphia: Mason Crest, 2018.

SITIOS WEB

England Football
englandfootball.com

FIFA World Cup Facts for Kids
kids.kiddle.co/FIFA_World_Cup

The History of the German National Team
dfb.de/en/national-teams/the-mannschaft/

ÍNDICE

SOBRE LA AUTORA

Jules Allen es una editora y autora de libros infantiles que vive en Minneapolis. Le encantan los deportes, el arte, los libros de todo tipo y los perros pequeños.